ANACRÉON

CHEZ

POLYCRATE,

OPÉRA EN TROIS ACTES,

Représenté, pour la première fois, sur le théâtre des Arts, le 28 nivôse an V.

PAROLES de J. H. GUY;
MUSIQUE de GRÉTRY.

A PARIS,

Chez TIGER, imprimeur-libraire, collège des Cholets, rue Saint-Jacques, près le Panthéon;
Et chez ROULLET, libraire du théâtre des Arts, rue des Poitevins, n°. 6.

AN VII DE LA RÉPUBLIQUE.

PERSONNAGES.	ACTEURS.
	C^{ens} et C^{nes}.
POLYCRATE, *tyran de Samos*,	ADRIEN.
ANACRÉON,	LAYS.
ANAIS, *fille de Polycrate*,	HENRY.
OLPHIDE, *jeune Samien, uni secrètement à Anaïs*,	ROUSSEAU.
LYSANDRE, *petit enfant né de l'hymen caché d'Anais et d'Olphide, personnage muet*,	FLORINE.
LÉONIDAS, *capitaine des gardes de Polycrate*,	BERTIN.
THORAX, *confident de Polycrate*,	LEFÈVRE.
ASTER, *messager de Myrthé, intendant de Polycrate*,	DELBOY.
EUTHYME, *chef de cohorte*,	L'HOSTE.
CRATHIS, *officier de marine*,	GAGNÉ.
PRAXINOÉ, *jeune moissonneuse*,	GUÉNET.
MOISSONNEURS,	{ MOREAU. { DELBOY.

Gardes de Polycrate, Soldats, Peuple, Samiennes de la suite d'Anaïs, Persans, Lydiennes, Thraces, Samiens et Samiennes représentant plusieurs divinités, Moissonneurs et Moissonneuses.

CHŒURS.

COTÉ DROIT.

Les Citoyens.	Les Citoyennes.
DUPLESSIER.	DUCHAMP.
MARTIN.	HIMM.
MOREAU.	STIGLITZ.
PUTHEAUX aîné.	DUBOIS.
L'HOSTE.	AUBRY.
LEROY.	BOZON.
DURAIX.	ROYER.
VILLERS.	PETIT.
DELBOY.	VAILLANT.
MOULIN.	DUMURIER.
JOUVE.	MUTEL.
DUCHAMP.	DELBOY cadette.
CHOLET.	TRISS.
BRIELLE.	
LEROY.	
DEBÉIRK.	

COTÉ GAUCHE.

LECOCQ.	JOSÉPHINE.
REY.	LAUNER.
AUBÉ.	MACKER.
PUTHEAUX jeune.	MULLOT.
GONTIER.	GAMBAIS.
FLANCHÉE.	DUCHESNE.
VARLET.	LEBEL.
DEVILLE.	LACROIX.
TAGUSSET.	VADÉ.
LEROUX aîné.	DELBOY aînée.
LEROUX 3me.	BOURGEOIS.
CHEVRIER.	
NOCART.	
BERTEL.	
DEAUGRAND.	
PERNE.	

DANSE.

ACTE PREMIER.

MOISSONNEURS SAMIENS.

Les citoyens

BEAUPRÉ,
SAINT-AMAND, MOREAU,

Guénetez, Jolly, Eve, Marette, Bozon, Frossard, Riquier, Baudry.

Les citoyennes

MILLIÈRE, LA NEUVILLE, DELISLE, LOUISE, MONROY.

Telle cadette, Elise, Dufresne, Peulier, Victoire, Buisson, Gauthier, Boilay.

PETITS JOUEURS D'INSTRUMENS.

Les citoyens

Henry, Léon, Anatone.

ACTE SECOND.

SUITE D'ANAIS.

Les citoyennes

Telle cadette, Elise, Dufresne, Peulier, Victoire, Buisson, Gauthier, Boilay.

SUITE DU PETIT LYSANDRE.

Les citoyens

Léon, Petit-Pas, Romain, Soisson, Louis, Baptiste, Anatone, Gérard.

PERSANS.

Les citoyens

NIVELON,

Delahaye, Branchu, Béguin, Casimo, Verneuil, Castel, Petit, Courtois.

Les citoyennes

COLLOMB,

Barrée, Lacoste, Langlois, Bourgeois *cadette*, Hordé, Lily, Eugins, Telle *aînée*.

LYDIENNES.

Les citoyennes

HUTIN, CHAMEROY,

Grenier, Courtois, Etienne, Bourgeois *aînée*, Déniavircel, Léon, Félicité, Biroust.

THRACES.

Les Citoyens

HUARD, GOYON,

Simonet, Lebel, Deschamp, Cantagrel, Saint-Pierre, l'Huillier, Borda, Buteau.

ACTE TROISIÈME.

Cens et Cnes.

APOLLON, VESTRIS.
LES MUSES.
- TERPSICORE, GARDEL.
- THALIE, PÉRIGNON.
- POLYMNIE, COULON.
- EUTERPE, VESTRIS
- ERATO, HUTIN.
- CLIO, CHAMEROY.
- MELPOMÈNE, HORTENCE.
- CALLIOPE, SAINT-LÉGER.
- URANIE, SIMON aînée.

UN PETIT CUPIDON,
BACCHUS, DESHAIES.
ARIANE, LAVOISIER.
PAN, MILLON.

SA SUITE.

Les citoyens

SAINT-AMAND, MOREAU, BRANCHU, SAINT-PIERRE.

FAUNES.

Les citoyens

Simonet, Lebel, Deschamps, Cantagrel, Verneuil, Richard, Auguste, Jolly.

Les citoyennes

JACOTOT,
Léon, Félicité, Déniavircel, Bourgeois aînée, Dufresne, Peulier, Hordé, Biroust.

SATYRES.

Les citoyens

Beaudry, Adnet, Vincent, Henry, Louis, Rivière, Soisson, Romain.

	Cnes.
VENUS,	CLOTILDE.
LES GRACES,	{ MILLIERE. LANEUVILLE. ELISE.
L'AMOUR,	DUPORT.

PETITS AMOURS.

Caroline, Eulalie, Eugénie, Guichard, Léon, Petit-Pas, Anatone, Manie.

PLAISIRS.

Les citoyens

Delahaie, Béguin, Casimo, Petit, Frossard, Castel, Buteau, Courtois.

Les citoyennes

Courtois, Etienne, Grenier, Langlois, Lacoste, Bourgeois cadette, Leslauriers, Buisson.

Nota. On a marqué par des guillemets tout ce qui n'est point récitatif.

ANACRÉON

CHEZ

POLYCRATE,

OPÉRA.

ACTE PREMIER.

La scène se passe sur la côte septentrionale de l'île de Samos qui regarde la partie de l'Ionie, habitée par Anacréon.

Le théâtre représente un rivage délicieux ; à gauche des spectateurs il y a une montagne extrêmement sourcilleuse, plantée d'arbres divers qui se perdent dans les nues ; au pied de cette montagne, qui s'étend presque depuis le fond jusque sur le devant de la scène, est une grotte profonde entourée de fleurs de toute espèce: on y voit à l'entrée un banc de gazon, sur lequel Anacréon s'est endormi. Le fond de la partie droite laisse voir la mer doucement agitée : on doit découvrir dans le plus grand lointain les côtes de l'Ionie ; le reste du théâtre est occupé par des prairies émaillées, des arbustes portant des fleurs, et quelques rochers peu élevés, parmi lesquels serpentent plusieurs ruisseaux d'eau vive. Aux premiers plans, en face de la grotte, un arbre isolé, d'un volume immense, dont le pied, environné d'une mousse épaisse, présente un appui naturel et considérable. Sur le flanc du morne, vers le milieu de la scène, on aperçoit, retirée à sec sur le sable, la petite barque d'Anacréon.

SCENE PREMIERE.

ANACRÉON endormi, le petit **LYSANDRE**, MOISSONNEURS et MOISSONNEUSES.

Au lever du rideau, le théâtre doit imiter cette lumière qui résulte du mélange de l'aube du jour avec la clarté de la lune. L'aurore se lève par degrés, et par degrés le soleil le remplace.

Des moissonneurs et moissonneuses descendent des différens points de la montagne, et sortent par le côté opposé, qui est censé conduire dans une plaine voisine. En traversant le théâtre, une jeune fille aperçoit un nid d'oiseaux dans un buisson saillant sur le flanc de la côte : elle jette à terre sa pannetière, et s'élance vers le hallier. Pendant ce tems, quelques moissonneurs enlèvent furtivement sa corbeille, et vont la suspendre, à hauteur d'homme, à l'une des branches du gros arbre, afin qu'elle puisse l'apercevoir en s'en allant. Ils quittent la scène ; mais la petite moissonneuse, enchantée du trésor qu'elle vient de ravir, et ne songeant plus à son panier, s'empresse de courir après ses compagnes, de façon qu'elle disparaît sans s'être aperçue de la ruse des jeunes gens. En même tems que cette scène se passe, toujours durant l'ouverture, Lysandre, au bruit que font les passans, s'échappe de la grotte avec inquiétude; ses yeux se portent sur Anacréon; il se sauve effrayé. Bientôt il reparait de nouveau, va, vient autour de lui, recule, hésite, et enfin dépose un baiser sur son front. Anacréon s'éveille, l'enfant s'évade.

SCÈNE II.

ANACRÉON seul.

AIR.

« Songes enchanteur, favorable chimère,
« Eh quoi ! déjà vous me quittez ?...
« Il me semblait que l'enfant de Cythère
  « S'était échappé de sa mère,

« Et folâtrait à mes côtés...
« Bientôt d'une bouche légère,
« Doucement il vient déposer...
« Non, ce n'est point une chimère,
« Je sens mon front sexagénaire
« Encor brûlant de son baiser.

Mais quels sont donc ces lieux témoins de mon naufrage?
Des bords de l'Ionie, enlevé par l'orage,
    Quel Dieu protecteur m'a jeté
  Sur ce riant et paisible rivage?
Au séjour de Paphos serais-je transporté!
    Jamais à mes yeux la Nature
N'étala tant d'attraits et tant de majesté!...
    Là, c'est des prés la riche bigarrure;
    Là, balancé dans la verdure,
L'oiseau frappe les airs de mille accens flatteurs;
Ici, c'est un ruisseau qui serpente et murmure;
Les Zéphirs, du soleil volages précurseurs,
Versent autour de moi le doux parfum des fleurs :
Tout pénètre mes sens d'une volupté pure.

Gaiment.

    J'ai pourtant besoin du secours
    Et de Cérès et de Pomone :
Le ciel à mes regards n'offrira-t-il personne?
Vainement sa faveur a pris soin de mes jours,
    S'il faut que Bacchus m'abandonne.

Il aperçoit la pannetière, la détache, et l'ouvre avec précipitation.

Que vois-je!... O prodige étonnant!...
Des fruits!... Veillé-je!... Est-ce un enchantement,
Un délire, une erreur que mon sommeil prolonge!...

Il considère un vase qui contient du vin.

Ceci doit renfermer un breuvage charmant...

Il porte les mains sur sa personne, pour s'assurer qu'il n'est point endormi.

Oh! dans quel embarras tant de bonheur me plonge!...

Il prend le vase entre ses mains.

Rêveur ou non, profitons-en...

Il boit, et après avoir bu.

Père des dieux ! le doux mensonge !...
Il porte ses regards vers la grotte.
Mais... quel objet nouveau s'avance en cet instant?...
Oui, c'est lui, c'est ce bel enfant
Qu'à mes sens confondus a présenté mon songe !...
Voilà qui met le comble à mon égarement !...

SCÈNE III.

ANACRÉON, LYSANDRE, OLPHIDE.

Olphide paraît, conduit par le petit Lysandre. Du moment qu'il aperçoit Anacréon, il se retire épouvanté.

ANACRÉON, *courant après Olphide, et le saisissant à l'entrée de la grotte.*

ARRÊTE, beau jeune homme, arrête...
Par pitié rend le calme à mon esprit troublé:
Cette nuit vers ces bords poussé par la tempête...
Je suis de mon destin encore émerveillé...
Dis-moi, suis-je bien éveillé ?

OLPHIDE, *dans la plus grande agitation.*

La demande...

ANACRÉON.

Est fort singulière,
J'en conviens. Où suis-je ?

OLPHIDE, *plus inquiet.*

A Samos...
Les dieux t'amènent ?...

ANACRÉON.

De Téos.
Les muses dans la Grèce entière
Peut-être avec honneur ont répandu mon nom.

OLPHIDE.

Et l'on t'appelle ?...

ANACRÉON.

Anacréon.

OLPHIDE, *avec transport.*

Anacréon !... ah ! je respire !

AIR.

« Non, sur ces bords tu n'es point étranger ;
  « Dans la Grèce entière on t'admire.
« Aux lieux où de l'amour on connait le délire,
  « Anacréon peut voyager
« Sans autre appui que ses chants et sa lyre.
  « Le tyran même de Samos,
  « Parmi les atroces complots,
  « Et qu'il médite, et qu'il inspire,
  « Paraît soumis à ton empire,
« Et vante chaque jour tes sons mélodieux...
  « Pardonne à mon sort rigoureux
  « D'affreux soupçons que ton nom sait détruire.

ANACRÉON.

Quel sort est donc le tien ?

OLPHIDE.

   Celui d'un malheureux
Que sa tendresse a fait proscrire.

ANACRÉON.

Cet enfant ?...

OLPHIDE.

  Est le fruit de mon funeste amour.

ANACRÉON.

Hé quoi ! si jeune encor, tu lui donnas le jour ?

DUO.

OLPHIDE.

« Dès l'enfance j'aimai la fille
« D'un mortel puissant dans ces lieux ;
« Mais il veut qu'un nom glorieux
« S'unisse à l'éclat dont il brille,
 « Et ma famille
 « Est sans aïeux.

ANACRÉON.

« Les doctes filles de mémoire
« N'inscrivent pas aux fastes de l'histoire

« Tous les fameux travaux.
« Si la vertu fait des héros,
« Le hasard dispense la gloire.

OLPHIDE.

« Dans l'hymen secret qui m'engage
« Il voit d'horribles attentats ;
« Nuit et jour on cherche mes pas.
« Rien ne peut appaiser sa rage,
  « Et mon partage
  « Est le trépas.

Montrant son fils.

« Ah ! sans une tête si chère,
« Je volerais affronter sa colère,
  « Le braver sans effroi...
« Mais il faut bien trembler pour soi
« Alors qu'on est époux et père.

ANACRÉON.

« Supporter son destin contraire ;
« Tant qu'on le peut, se le rendre prospère,
  « C'est la commune loi.
« L'honnête homme tremble pour soi
« Alors qu'il est époux et père.

ENSEMBLE

ANACRÉON.

« Supporter son destin contraire ;
« Tant qu'on le peut, se le rendre prospère,
  « C'est la commune loi.
« L'honnête homme tremble pour soi
« Alors qu'il est époux et père.

OLPHIDE.

« Ah ! sans une tête si chère,
« Je volerais affronter sa colère,
  « Le braver sans effroi...
« Mais il faut bien trembler pour soi
« Alors qu'on est époux et père.

ANACRÉON.

Instruit de tes malheurs ne puis-je encor savoir
Quel est ton nom ?

OLPHIDE.

Olphide.

ANACRÉON.
Hé bien ! charmant Olphide,
Des Dieux connais les soins, et bénis le pouvoir.
Ne crains plus le fer homicide.
Du naufrage échappé, j'ai, par d'heureux travaux,
Arraché mon esquif aux vagues en furie...
A l'inexorable Atropos
Dérobons à présent ta vie,
Et voguons sans tarder vers l'aimable Ionie.

OLPHIDE, *le retenant.*

Arrête... O ciel ! partir sans Anaïs !
Lui ravir à la fois son époux et son fils !...
Mortel compatissant, je rends grâce à ton zèle ;
Mais je ne puis te suivre ni la fuir ;
Ma pénible existence est un fardeau sans elle ;
Il m'est plus aisé de mourir.

SCÈNE IV.

ANACRÉON, LYSANDRE, OLPHIDE, ANAIS
paraissant à l'extrémité de la montagne.

ANACRÉON.

BELLE comme Cypris, dans les bosquets de Gnide,
Une femme s'approche à pas précipités...
De quel trouble ses sens paraissent agités !

OLPHIDE, *s'écriant.*

C'est Anaïs, c'est le ciel qui la guide.

TRIO.

ANAIS, *égarée.*

« Olphide... mon fils... cher époux...
  « Plus d'espérance,
  « Plus d'espérance.
« Tout est perdu pour nous.

ANACRÉON.

ENSEMBLE.

« Non non, tout est changé pour vous,
« Livrez vos cœurs à l'espérance.

OLPHIDE.

« Non, non, tout est changé pour nous,
« Livre ton cœur à l'espérance.

(16)

ANAIS.

« Que dites-vous ?
« Plus d'espérance,
« La mort s'avance...
« Mais je viens périr avec vous.

ANACRÉON ET OLPHIDE.

{ ENSEMBLE }

« Livre ton cœur à l'espérance,
« Ecoute un sentiment plus doux.

ANAIS.

« La mort s'avance,
« Mais je viens périr avec vous.

ANAIS, *à Olphide avec effroi.*

La perfide Eryphyle
A Polycrate furieux
Vient de révéler ton asile...
On me suit... des soldats nombreux...

OLPHIDE, *avec éclat.*

Vois Anacréon que les dieux
Exprès pour nous sauver ont conduit dans cette île.

ANAIS.

Anacréon ! qui, vous !... à Samos !... et comment ?...

ANACRÉON.

Le tems presse, abrégeons un récit inutile ;
La fuite, vos dangers, c'est le point important.

AIR.

« De ma barque légère
« Agréez le secours ;
« Et cherchons pour vos jours
« Une plus digne terre.
« Mais laissons les soupirs
« Sur ce fâcheux rivage ;
« N'admettons au voyage
« Que les plaisirs ;
« Et que les dieux propices
« Admirent, dans son cours,
« L'Hymen sous les auspices
« D'Anacréon et des Amours.

On entend un bruit confus.

OLPHIDE.

Quel bruit confus au loin résonne?

ANAIS.

Ce sont les farouches soldats,
Dont la fureur déjà nous environne.

ANACRÉON à *Olphide.*

Embarquons-nous, ne tardons pas.
Remets à flot l'esquif retiré sur le sable,
Et viens le présenter en ce lieu favorable.

Pendant le chœur suivant, ils poussent la barque en mer; Olphide s'élance dedans pour la conduire au petit promontoire qu'Anacréon lui indique; une bouffée de vent l'éloigne du bord, et la porte sur des courans; il force de rames pour la rapprocher.

CHŒUR DE SOLDATS *dans le lointain.*

« Cherchons, cherchons le jeune audacieux,
  « Dont les soupirs séditieux
  « Ont enflammé la fille ingratte
    « Du puissant Polycrate.
« Cherchons, cherchons, ayons par-tout les yeux.

OLPHIDE *s'écriant.*

Grands dieux! le vent s'élève, et le courant m'entraîne:
La barque s'éloigne du bord.

ANACRÉON.

Oppose l'aviron...

OLPHIDE, *désespéré, étendant les bras vers Anaïs.*
La résistance est vaine.
L'onde se rit de mon effort,
Et le courant est le plus fort.

Il disparait.

ANAIS *découragée, étendant aussi les bras vers Olphide.*

O ciel!... De nos bourreaux la cohorte s'avance!...

ANACRÉON.

Ton époux ne craint plus du moins sa violence,
Thétys va protéger son sort.
Pour nous, faisons tête à l'orage...

Voyant Anaïs déconcertée à cause de son enfant, il le lui prend des mains, et continue.

Polycrate sait-il, ou non,
Que de votre hymenée il existe ce gage?

ANAIS.

Non.

ANACRÉON.

Des jours de ton fils Anacréon répond.

ANAIS.

O comment exprimer tant de reconnaissance.

ANACRÉON, *emportant l'enfant.*

Qu'il vive pour t'aimer, voilà ma récompense.

Il va s'asseoir auprès d'Anaïs sur le banc de gazon à l'entrée de la grotte, le visage tourné vers elle, de façon que les soldats ne peuvent apercevoir ses traits.

SCÈNE V.

ANACRÉON, ANAIS, LYSANDRE, LÉONIDAS, EU-THYME, LYBIS, DÉMOCLE, CHŒUR DE SOLDATS, *dont quelques-uns portent des flambeaux.*

LE CHŒUR.

« Cherchons, cherchons le jeune audacieux
  « Dont les soupirs séditieux
  « Ont enflammé la fille ingrate
    « Du puissant Polycrate.
« Cherchons, cherchons, ayons par-tout les yeux.
   « Qu'il frémisse le téméraire!
   « L'astre rayonnant qui l'éclaire
   « Va marquer son dernier instant :
     « Rien ne peut le soustraire
     « A la mort qui l'attend.

LÉONIDAS, *apercevant Anacréon sans distinguer son visage.*
  Amis, suspendez votre zèle,
  Voici le couple révolté...
Lybis, empare-toi de ce jeune rebelle :
  Démocle, tu répondras d'elle.
Quel est ce faible enfant assis à leur côté?

ANACRÉON, *se laissant voir.*

Il m'appartient.

LÉONIDAS.
O surprise !
Voilà cet Adonis à Samos si vanté !
A part.
D'où naît cette étrange méprise ?

ANACRÉON, *voyant que l'on charge de fers Anaïs.*
Dieu du Pinde ! des fers chargent des bras si beaux !
Le ciel ne tonne pas, et Vénus l'autorise !

LÉONIDAS, *examinant Anacréon.*
Ceci paraît couvrir quelques détours nouveaux.
Euthyme, porte les flambeaux
Au fond de cette grotte obscure ;
Ce vieillard, d'Anaïs ne peut être l'époux.

Euthyme entre dans la grotte suivi des soldats qui portent des flambeaux. Léonidas continue.

De ces nombreux sentiers, gardes, assurez-vous,
Observez-tout, pénétrez l'imposture.

Les soldats se dispersent suivant l'ordre de Léonidas, excepté quelques-uns qui demeurent auprès des Captifs. Anaïs s'assied avec son fils au pied du gros arbre : elle affecte pour lui un air indifférent. L'enfant la trahit ; elle s'efforce de lui faire entendre sa dangereuse situation.

LE CHŒUR, *en se retirant.*

« Qu'il frémisse le téméraire !
« L'astre rayonnant qui l'éclaire
« Va marquer son dernier instant :
  « Rien ne peut le soustraire
  « A la mort qui l'attend.

SCÈNE VI.

LES PRÉCÉDENS, *excepté* EUTHYME ET LE CHŒUR.

LÉONIDAS *prenant Anacréon à part.*
Bon vieillard, laisse-là ce grossier artifice ;
  Vois où t'emporte une aveugle pitié.
Sans sauver ton ami, tu deviens son complice...
  Tu peux encore échapper au supplice :
Conduis-moi vers Olphide, et tout est oublié.

ANACRÉON.
Arbitre de mon sort, fais justice ou pardonne :
Ma vie est dans tes mains, et je te l'abandonne.

LÉONIDAS.
D'une amitié stérile ô conseil dangereux !
　Crains le courroux qui me transporte :
　　A Polycrate, malheureux,
Sais-tu bien que je puis te livrer?

ANACRÉON.
　　　　　Je le veux.

LÉONIDAS.
Tu veux ta perte?

ANACRÉON, *doucement et légèrement.*
　　　　Que t'importe?

LÉONIDAS, *avec beaucoup de démonstration.*
Quoi! ce jour va peut-être éclairer ton trépas,
　Et ton cœur n'en frissonne pas?

ANACRÉON, *riant.*
Non, je suis sans alarmes, et ta menace est vaine.
De l'avenir jamais je ne me mis en peine.

SCÈNE VII.

LES PRÉCÉDENS, EUTHYME, *et sa suite sortant de la grotte.*

EUTHYME.
« LÉONIDAS, mes pas ont parcouru
　« Ces voûtes ténébreuses;
« Mais inutile soin, espérances trompeuses,
« Aucun objet vivant à mes yeux n'a paru.

SCÈNE VIII.

LES PRÉCÉDENS, LE CHŒUR, *revenant des divers sentiers.*

LE CHŒUR.
« LÉONIDAS, nos pas ont parcouru
　« Ces routes tortueuses ;

« Mais inutile soin, espérances trompeuses,
« De simples moissonneurs à nos yeux ont paru.

LÉONIDAS *à Anacréon, toujours à part, et d'un ton menaçant.*

Ecoute encor : ma bonté secourable
Pour la dernière fois s'offre à te protéger;
Viens, montre-nous l'azile du coupable,
Ou je deviens inexorable

ANACRÉON, *gaiment.*

Quelques soient mes destins, les feras-tu changer?

LÉONIDAS, *aux soldats avec colère.*

« Soldats, du lâche Olphide
« Ce vieillard est l'appui;
« Puisqu'il ose aujourd'hui
« Secourir le perfide,
« Qu'il périsse pour lui.

ANACRÉON *à part, prenant l'enfant dans ses bras.*

« Pour un enfant timide
« O Vénus! aujourd'hui
« J'implore ton appui :
« Que ta faveur me guide;
« Inspire-moi pour lui.

ANAIS *avec ferveur.*

« O déese de Gnide!
« De mon fils aujourd'hui
« Favorise l'appui:
« Sois mon auguste Egide
« Inspire-le pour lui.

LÉONIDAS ET LE CHŒUR.

« Puisque du lâche Olphide
« Ce vieillard est l'appui;
« Puisqu'il ose aujourd'hui
« Secourir le perfide,
« Qu'il périsse pour lui.

Ils sortent tous par la montagne, le chœur se prolonge dans le lointain.

SCÈNE IX.

CHŒUR DE MOISSONNEURS ET DE MOISSONNEUSES.

Pendant que les gardes se retirent avec Anaïs et Anacréon, la jeune moissonneuse qui a laissé sa pannetière sur la scène, accourut pour la chercher; les moissonneurs qui l'ont attaché au gros arbre, la mènent auprès pour la lui faire voir : la trouvant déliée et vide, ils se persuadent que l'accident est du fait des soldats, et chacun d'eux s'empresse d'offrir à leur compagne une portion de leur repas. Dès que le chœur des satellites de Polycrate a cessé, celui des moissonneurs se fait entendre; et ils entrent en foule sur le théâtre.

LE CHŒUR.

« Suspendons nos travaux champêtres,
« Joyeux ministres de Cérès,
« Savourons gaiment sous ces hêtres
« Les présens qu'elle nous a faits.

Ils se groupent sur les divers points du théâtre, et prennent le repas du matin.

UN MOISSONNEUR.

« Quand l'aurore vermeille
« Va colorer les cieux,
« L'hirondelle s'éveille,
« Et nous ouvrons les yeux.
« Nous volons à la plaine :
« Là, notre bras dispos
« Puise au sein de la peine
« Les douceurs du repos.

LE CHŒUR.

« Suspendons nos travaux champêtres,
« Joyeux ministres de Cérès,
« Savourons gaiment sous ces hêtres
« Les présens qu'elle nous a faits.

UN MOISSONNEUR ET UNE MOISSONNEUSE.

« Comblés des faveurs de Cybèle,
« Tandis qu'en ce riant séjour

« Nous prenons une ardeur nouvelle
« A l'abri des rayons du jour,
« Folâtrons sous le vert feuillage,
« Animons nos heureux loisirs;
« La chaleur invite à l'ombrage,
« Et l'ombrage invite aux plaisirs.

LE CHŒUR.

« Folâtrons sous le vert feuillage,
« Animons nos heureux loisirs;
« La chaleur invite à l'ombrage,
« Et l'ombrage invite aux plaisirs.

On danse.

UNE MOISSONNEUSE.

« De la nature sage
« Le plaisir est la voix;
« Le myrthe du bel âge
« Ne fleurit qu'une fois.
« Les heures passagères
« Emportent nos instans,
« Et pressent les bergères
« D'user de leur printems.

LE CHŒUR.

« Folâtrons sous le vert feuillage,
« Animons nos heureux loisirs;
« La chaleur invite à l'ombrage,
« Et l'ombrage invite aux plaisirs.

UN MOISSONNEUR à *Praxinoé.*

Toi, dont la voix enchanteresse
Excite au fond des chœurs l'ivresse du plaisir,
Entonne l'air joyeux, dont la vive alégresse.
Du triomphe de la déesse (1)
Consacre parmi nous l'éternel souvenir.

Praxinoé se retire au pied du gros arbre : de jeunes mois-
sonneurs se rangent autour d'elle, et l'accompagnent
sur des pipeaux rustiques ; le reste se divise sur les côtés
du théâtre ; et tandis que quelques-uns répondent en chœur
aux couplets suivans, les autres forment entre eux des
danses diverses.

---

(1) Junon, divinité protectrice de l'île de Samos : elle y était représentée avec des habits d'épousée.

PRAXINOÉ.

« Pour attendrir Junon rebelle
« Quand Jupiter vint à Samos,
« Aux nimphes moins sévères qu'elle,
« Tous les Amours chantaient ces mots :
« Marquons ensemble la cadence,

LE CHŒUR.

« Nimphes légères, bondissons;

PRAXINOÉ.

« Que nos chansons guident la danse,

LE CHŒUR.

« La danse anime les chansons.

PRAXINOÉ.

« L'auguste cœur de l'immortelle
« Palpite à ces rians tableaux.
« Le trouble que son front décèle
« Perce le dieu de traits nouveaux.
« Il chante aussi, plein d'espérance :

LE CHŒUR.

« Nimphes légères, bondissons;

PRAXINOÉ.

« Que nos chansons guident la danse,

LE CHŒUR.

« La danse anime les chansons.

PRAXINOÉ.

« Si mes attraits touchent votre ame,
« Dit la déesse, ô roi des dieux !
« Le doux espoir qui vous enflamme
« M'en doit un gage glorieux...
« Que l'hymen frappe la cadence,

LE CHŒUR.

« Nous répondrons à l'unisson...

PRAXINOÉ.

« Un plaisir pur guide la danse.

LE CHŒUR.

« Lorsque l'Hymen dit la chanson.

PRAXINOÉ.

« Cède à l'ardeur qui me tourmente,
« Déesse, à toi j'unis mon sort;
« Pour être épouse sois amante.
« La déité reprit encor...
« Que l'Hymen frappe la cadence,

LE CHŒUR.

« Nous répondrons à l'unisson...

PRAXINOÉ.

« Un plaisir pur guide la danse,

LE CHŒUR.

« Lorsque l'Hymen dit la chanson.

PRAXINOÉ.

« O de l'olympe exemple et reine!
« Dit Jupiter, reçois ma foi.
« Chaste Junon, ma souveraine,
« Qu'un nœud sacré m'enchaine à toi.
« L'auguste épouse entre en cadence,

LE CHŒUR.

« Samos répète à l'unisson :

PRAXINOÉ.

« Que les plaisirs guident la danse,

LE CHŒUR.

« L'aimable Hymen dit la chanson.

UN MOISSONNEUR.

Reprenons nos travaux champêtres.

LE CHŒUR, *en s'en allant.*

« Ardens ministres de Cérès,
« Quittons l'ombrage de ces hêtres,
« Méritons de nouveaux bienfaits.

FIN DU PREMIER ACTE.

ACTE SECOND.

Le théâtre représente l'intérieur du palais de Polycrate. Sur la gauche des spectateurs on voit un trône magnifique.

SCÈNE PREMIÈRE.
POLYCRATE, THORAX, GARDES.

POLYCRATE, *à Thorax.*

Ecarte de ton sein d'inutiles frayeurs.
 Que viens-tu m'annoncer?
   THORAX.
 Qu'au bruit de vos fureurs,
Anaïs éperdue a quitté ses compagnes.
 Un pâtre du hameau voisin
A remarqué ses pas errans par les montagnes;
De l'asile d'Olphide elle a pris le chemin.
   POLYCRATE, *durement.*
Il suffit. A mes vœux Léonidas fidelle
Va la charger de fers, et le fourbe avec elle;
C'en est trop, tant d'audace a lassé ma bonté.
Que le traître, expirant aux yeux de la rebelle,
Venge les droits d'un père et mon autorité.

Thorax sort, Polycrate fait signe à sa suite de se retirer.

SCÈNE II.
POLYCRATE, *seul.*

AIR.

» O fortune ennemie!
» Eh quoi! toujours le ciel
« Abreuvera de fiel
« Ma déplorable vie!
« Depuis que le sort irrité
« M'a jeté sur ce globe impie,
« Hélas! je n'ai jamais goûté
« Un moment de félicité.
 « O fortune ennemie!
« J'ai tout soumis, j'ai tout dompté,

« Devant moi tout tremble, tout plie,
« Et j'éprouve l'adversité
« Au sein de la prospérité.
« Plaisirs, bonheur, vaines Idoles;
« Grandeurs, puissance, biens frivoles;
« Nul homme ici bas n'est heureux...
« Les pleurs, l'effroi, la noire envie,
« De l'amour, les tourmens affreux,
« L'ambition, la jalousie...
« Voilà les présens odieux
« Que nous ont faits les dieux
« En nous donnant la vie!

SCÈNE III.
POLYCRATE, THORAX.

THORAX, *accourant.*

Ah! Seigneur! quel vertige a frappé tes soldats!
Parés de fleurs comme en un jour de fête,
  Bacchus semble guider leurs pas.
Un vieillard dans les fers gaiment chante à leur tête..:
  Anaïs le suit... mais hélas!...
Olphide...

POLYCRATE.
  Olphide... Hé bien?

THORAX, *hésitant.*
      Ne s'y remarque pas.

POLYCRATE.
O rage! ma victime échappe à ma furie!
Que Léonidas tremble!... il paira de sa vie.

SCÈNE IV.
POLYCRATE, THORAX, LÉONIDAS, ANACRÉON, ANAIS, *le petit* LYSANDRE, *porté par un soldat,* CHŒUR *de* SOLDATS *et de* COMPAGNES *d'Anais.*

ANACRÉON *derrière le théâtre.*

« Jouissons du plaisir
« Qu'un instant nous livre;
« L'instant qui va suivre
« Peut nous le ravir.

LE CHŒUR, *entrant sur la scène avec les acteurs.*
« Jouissons du plaisir, etc.
ANACRÉON.
« De l'aveugle avenir
« La marche incertaine
« Trop souvent n'amène
« Que le repentir.
LE CHŒUR.
« Jouissons du plaisir, etc.

Pendant toute cette scène Thorax examine, et cherche à se rappeler les traits d'Anacréon.

POLYCRATE, *avec un accent terrible le premier mot.*
Soldats!... à quel délire êtes-vous donc en proie?
Des fureurs où mon cœur se noie
Chacun de vous connaît l'excès;
Et vous osez jusque dans mon palais
Exalter sans pudeur les accens de la joie,
Quelle stupide ivresse a saisi des guerriers!
Quoi! ces fronts généreux, formés pour les lauriers,
Empruntent l'ornement des timides bergères!
Mais... quel est ce vieillard... cet enfant?... Parmi vous
Mes yeux cherchent en vain l'objet de mon courroux...
Toi, que j'avais chargé de mes ordres sévères,
Réponds, Léonidas.

LÉONIDAS, *à part à Anacréon.*
Joyeux mortel, comment t'arracher au trépas?

POLYCRATE, *avec colère.*
Tu restes muet?... tu m'éclaires:
Ton silence a dit tout; c'est toi qui périras.

ANACRÉON, *vivement.*
Arrête, et sur moi seul dirige ta vengeance;
J'ai dérobé moi seul Olphide à ta puissance.

POLYCRATE *furieux.*
Tu l'as sauvé perfide? Hé bien, meurs.

ANACRÉON.
Frappe donc,
Et la mort d'un seul homme éternise ton nom.

THORAX, *vivement et avec joie, reconnaissant Anacréon.*
Oui, c'est lui, calme-toi, mon maître:
Je connais ce vieillard... Favori d'Apollon,
La Grèce est sa patrie, et Téos l'a vu naître.

ANACRÉON.
Il dit vrai.

POLYCRATE à *Thorax.*
Quel est-il ?

THORAX *balbutiant de plaisir.*
C'est...

POLYCRATE *impatienté.*
Achève donc, traître

THORAX *éclatant.*
C'est le célèbre Anacréon.

LE CHŒUR.
« Anacréon ! surprise extrême !

POLYCRATE, *s'élançant au cou d'Anacréon, et lui détachant ses fers.*
« A quel affreux remord
« Je me livrais moi-même !...
« Pardonne un trop fougueux transport,
« J'allais en te donnant la mort,
« Immoler ce que j'aime.

Au Chœur.
« Honneur au vieillard de Téos !
« Jour heureux ! jour d'ivresse !
« Le charme de la Grèce,
« La gloire du Permesse
« Daigne embellir Samos.
« Peuple, soldats, que tout s'abaisse.
« Honneur au vieillard de Téos !

ANACRÉON, *à part à Anaïs, d'un ton rassurant.*
Ton père s'intéresse
Au vieillard de Téos ;
Il va te rendre sa tendresse
Et ton époux, et le repos.

LE CHŒUR.
« Jour heureux ! jour d'ivresse,
« Le charme de la Grèce,
« La gloire du Permesse
« Daigne embellir Samos.
« Peuple, Soldats, que tout s'abbaisse...
« Honneur au vieillard de Téos.

« Jour heureux, etc.

SCÈNE V.
LES PRÉCÉDENS, CRATHIS.

CRATHIS.
Seigneur, Olphide a pris la fuite.
Sur un fragile esquif on l'a vu près du port ;
Mais Cléon vogue à sa poursuite,
Et te rendra bientôt l'arbitre de son sort.

POLYCRATE.
Au zèle de Cléon Polycrate est sensible.
Vole, et sers avec lui ma colère inflexible.

Crathis sort.

SCÈNE VI.
LES PRÉCÉDENS, excepté CRATHIS.

ANAIS, *à part, se laissant aller sur un pliant au milieu de ses femmes.*

Inflexible, a-t-il dit !... malheureuse Anaïs!

ANACRÉON, *à Polycrate, avec gaité et sentiment.*

Du trouble où ce moment a plongé mes esprits,
Polycrate, mon cœur n'est pas remis encore ;
Mais au nom de l'accueil dont ta bonté m'honore,
    Et des muses que tu chéris;
Au nom de Cythérée à qui tout rend les armes,
De la belle Anaïs daigne sécher les larmes.
N'offre pas aux regards de l'Hélicon surpris,
    Anacréon dans les alarmes :
    Sa place est au milieu des Ris.

POLYCRATE.
Sais-tu bien à quel point la cruelle m'outrage?
Au chef des Lydiens ma promesse l'engage ;
C'est peu de résister à mes droits, à mes vœux,
D'un odieux hymen elle a serré les nœuds.

ANACÉON.
Ah ! sans doute elle est condamnable;
Mais sa jeunesse, ta bonté!...

POLYCRATE
Ma bonté trop long-tems enhardit la coupable ;
Qu'elle éprouve l'effet de ma sévérité :
Je dois, je veux être implacable.

ANACRÉON, *souriant.*
Implacable !...
Il mène mystérieusement Polycrate à l'écart, et observe avec affectation qu'Anaïs ne soit point à portée de l'entendre.

AIR.

« Que j'aime vos foudres vengeurs !
« Pères irrités... mais sensibles.
« Juges rigoureux et terribles !
   « Aimables imposteurs...
« Vous menacez, rien ne vous touche ;
« Dans vos yeux se peint la fureur ;
« La haine éclate en votre bouche ;
« L'amour, le seul amour respire en votre cœur.

POLYCRATE, *ravi, et à part.*
Dans mon sein qu'il pénètre, il a calmé l'orage...
Haut à Léonidas.
D'Anaïs à l'instant que les fers soient brisés !...
Anacréon, je te dois cet hommage.
A la douceur de ton divin langage,
Mes transports sont vaincus, et mes sens appaisés.

ANACRÉON.
Belle Anaïs, viens embrasser ton père.

ANAIS, *s'élançant vers Polycrate.*
Dieux ! mon père !... En croirai-je une faveur si chère !
Ce beau jour sur ton cœur me rend-il tous mes droits ?...
Timidement.
Est-ce ma grâce enfin que je reçois ?

POLYCRATE, *l'embrassant.*
Qu'à tenir mes sermens ta piété s'empresse :
Renonce au vil époux que ton choix s'est donné,
Et tu peux, à ce prix, compter sur ma tendresse.

ANAIS, *d'une voix tremblante.*
Ce n'est donc... qu'à moitié que tu m'as pardonné ?

POLYCRATE.
Je vois à quel espoir ton ame s'abandonne,
   Et de nouveau mon courroux s'en aigrit.
Abjure le destin d'un lâche et d'un proscrit...
Ton père t'en conjure... un maître te l'ordonne.
A Anacréon qui caresse le petit Lysandre.
Quel est ce bel enfant ?

ANACRÉON.
C'est celui du malheur.

L'orgueil proscrivit sa naissance;
En l'embrassant.
Il n'a trouvé d'appui que dans mon cœur.
A Bacchus, à Cypris j'ai voué son enfance.
          POLYCRATE.
Il me plait.
          A N A I S, *à part.*
O bonheur!
          POLYCRATE.
Tu le nommes?...
    A N A C R É O N, *un peu interdit.*
                      Prosper.
POLYCRATE, *cherchant dans sa pensée le rapprochement des traits de l'enfant.*
Il retrace à mes yeux...
    A N A C R É O N, *détournant son idée.*
Des grâces ravissantes
Livre ce front auguste à ses lèvres charmantes.
Polycrate embrasse l'enfant.
C'est l'Amour, d'un souris désarmant Jupiter.
          POLYCRATE, *enchanté.*
Donne-moi cet enfant, mon amitié t'en presse;
Il charmera le déclin de mes jours.
    A N A C R É O N, *avec beaucoup de ménagement.*
Je t'ai dit qu'aux Plaisirs j'ai voué sa jeunesse.
          POLYCRATE, *vivement.*
Hé bien! j'accomplis ta promesse,
Et veux autour de lui les fixer pour toujours.
    A N A C R É O N, *lui remettant l'enfant.*
Du cœur d'Anacréon qu'il soit pour toi le gage.
POLYCRATE, *avec transport, l'élevant dans ses bras.*
A la face des dieux je l'adopte pour fils.
    A N A I S, *à part, se soutenant à peine.*
L'excès du sentiment va m'en ravir l'usage.
    POLYCARTE, *se tournant vers sa fille.*
Je le confie à tes soins, Anaïs;
Son jeune âge a besoin des baisers d'une mère;
Deviens la sienne : à ton amour pour lui
Je connaîtrai ton amour pour ton père.
    A N A I S, *se faisant violence pour étouffer ses sanglots.*
          A I R.

« Ah! jamais... non jamais... ton fils n'aura d'appui
« Plus sûr, plus tendre et plus sincère...

« Jour fortuné ! destin prospère !
« Viens, cher objet des transports d'Anaïs,
« Tes périls sont passés, tes malheurs sont finis ;
« D'un sort plus doux goûte les fruits...
« Viens respirer sur le cœur de ta mère...

(1) *Elle presse l'enfant sur son cœur avec abandon ; Anacréon lui fait signe de s'observer, elle revient, à ces mots, par une transition subite, mais adroite.*

« Non, mon père,
« Jamais ton fils n'aura d'appui
« Plus sûr, plus tendre et plus sincère.

POLYCRATE, *à Anacréon.*

Je veux que dans Samos, attentif à me plaire,
Par les plus doux concerts on t'exalte aujourd'hui.

« Peuple à ma voix que tout s'empresse ;
« Préparez les fêtes, les jeux,
« Que le bonheur brille dans tous les yeux !
« Elevez jusqu'aux cieux
« Les chants de l'allégresse !

LE CHŒUR, *en se retirant.*

« Hâtons-nous ; que chacun s'empresse ;
« Préparons les fêtes, les jeux,
« Que le bonheur brille dans tous les yeux !
« Elevons jusqu'aux cieux
« Les chants de l'allégresse !

SCÈNE VII.
ANACRÉON, POLYCRATE, ANAIS, *le petit* LYSANDRE, *suite d'Anaïs.*

ANAIS, *tenant son fils par la main, à Anacréon.*
Mes soins, de ce beau jour vont hâter les apprêts.
M'acquitter envers toi n'est pas en ma puisssance,
Et les vœux restent seuls à ma reconnaissance.

---

(1) Cette idée, vraiment dramatique, est du citoyen Grétry, non moins profond dans les secrets merveilleux de la scène, que dans les mystères de son art magique. Rien ne manifeste mieux à cet égard, la justesse et l'étendue de ses connaissances, que son *Essai sur la Musique*, ouvrage piquant et plein de grâces, comme tout ce qui sort de sa plume ; ouvrage tel, en un mot, que le Poëte lyrique est susceptible d'y puiser autant d'instruction que l'Artiste musicien, et le reste des lecteurs autant de plaisir et d'agrément que l'un et l'autre. Cette utile et agréable production, à qui l'on peut assurer d'avance la spéciale protection des dames, est actuellement sous presse, 3 vol. in-8°., et se trouvera chez tous les marchands de nouveautés en ce genre.

ANACRÉON, *gaîment.*

Quoi ! te borner à des souhaits ?
Belle Anaïs, je ne puis y souscrire.
Pourquoi charger ton sein du poids de tes regrets !
    Tu peux t'acquitter... d'un sourire.
    Anaïs sort avec ses compagnes.

SCÈNE VIII.
POLYCRATE, ANACRÉON.

POLYCRATE.

Heureux vieillard ! quelle aimable gaîté !
Je reconnais en toi tout ce qu'on en publie.
    O combien je te porte envie !
    Au faîte des grandeurs monté,
Je ne sais que gémir en ma prospérité.
    Apprends-moi ta philosophie.

ANACRÉON.

Sans le flétrir j'effeuille le présent,
Du passé quelquefois je rafraîchis les roses ;
    Mais l'avenir et le néant
    Sont pour moi de semblables choses.
Je prise, pour ma part, assez peu le savoir,
    Chez les savans je le révère.
Sur les fautes d'autrui mes yeux n'ont rien à voir,
    L'indulgence est ma loi sévère.
    L'ambition, la haine, la fureur
    Sont des tourmens inconnus à mon cœur ;
Mais tous les sentimens que l'amour fait éclore,
    Oh ! je les porte dans mon sein.
    Le Plaisir est mon souverain ;
La Nature est le dieu qu'Anacréon adore,
    Et pour tout dire enfin,
J'applique mon étude à jouir de la vie.
    Tu connais ma philosophie.

POLYCRATE, *pleurant de joie.*

    Le plaisir fait couler mes pleurs...
    Que je suis loin de cet état paisible !
    De mon caractère inflexible,
Toi seul peux tempérer les fougueuses ardeurs,
    Anacréon, sois mon ami, mon guide,
Conduis-moi par la main dans ces routes de fleurs

ANACRÉON.

Adoucis cet air intrépide,
Ce regard où la gloire imprima la terreur :
   Le Plaisir est un dieu timide,
   Un sourcil froncé lui fait peur.
Jette au loin ce laurier sinistre,
Et viens te couronner des myrthes les plus frais...
Si... Vénus... te défend d'approcher de trop près,
   De Bacchus deviens le ministre.

AIR.

« Laisse en paix le Dieu des combats
« Qu'à Silène il cède le pas ;
   « Et si tous bas
   « L'orgueil en gronde,
« Que ta voix tout haut lui réponde :
« Eh ! pourquoi ne boirais-je pas,
« Tandis que tout boit dans le monde ?

   « Les ondes boivent l'air,
   « Le soleil boit la mer,
   « La terre boit la pluie ;
   « Dans son sein entr'ouvert
   « La plante boit la vie...

« Laisse en paix, etc.

SCÈNE IX.

LES PRÉCÉDENS, THORAX.

THORAX.

SEIGNEUR, ces étrangers que sur nos bords heureux
A fixé ta splendeur, et que Samos admire,
Unis avec ton peuple ont entendu tes vœux ;
Et jaloux d'honorer le poëte fameux,
   Nouvel éclat de ton empire,
Sur les pas d'Anaïs leur cortége pompeux
Jusques en ton palais demande à s'introduire.

POLYCRATE.

A l'instant même il le faut recevoir.
Du trône où près de moi l'amitié va s'asseoir,
   Thorax fais approcher ma garde.

ANACRÉON.

Thorax, épargne-toi ce soin.

Du vain secours de Mars nous n'avons pas besoin :
La paix est dans les cœurs, et le plaisir nous garde.

Polycrate sourit, et fait signe à Thorax de ne point avoir égard à ce que dit à Anacréon. Thorax obéit ; et tandis que les soldats se rangent autour du trône, le roi prend la main d'Anacréon et le fait asseoir à ses côtés.

SCÈNE X.

ANACRÉON, POLYCRATE, ANAIS, LYSANDRE, LEONIDAS, LYBIS, SAMIENS et SAMIENNES *de tout âge,* LYDIENNES, PERSANS, THRACES *des deux sexes*, etc., SOLDATS.

ANAIS *environnée des jeunes samiennes ses compagnes, du petit Lysandre avec ses compagnons, et suivie des étrangers dont Thorax a parlé, ainsi que du peuple de Samos, s'avance au pied du trône ; elle chante alternativement avec le chœur.*

« O toi ! dont les accens
  « Touchans
« Et la douce philosophie
« Charment le pâtre et le guerrier !
« Honneur de la belle Ionie !
  « Entends ma voix unie
  « Aux chants du peuple entier.

LE CHŒUR.

« Etends sa voie unie
« Aux chants du peuple entier.

ANAIS, *avec une intention comprise par Anacréon ; mais dont Polycrate est la dupe.*

« Tu vas combler les vœux d'un père !...
« Un père, tu le sais, attends de ton secours
  « La sérénité de ses jours...
  « De tes faveurs ce sera la plus chère...

Avec tout le feu du sentiment.

« Puisse alors jusqu'aux cieux porté,
« Ton nom, déjà si doux à la mémoire,
  « Egaler pour jamais ta gloire
    « A ma félicité !

LE CHŒUR.

« Puisse alors jusqu'aux cieux porté,
« Ton nom, déjà si doux à la mémoire,
  « Egaler pour jamais ta gloire
    « A sa félicité !

Anaïs s'assied sur l'estrade aux pieds de son père. Lysandre à la tête de ses petits compagnons, présente une corbeille de fleurs à son libérateur. Polycrate enchanté des grâces de l'enfant, l'embrasse avec transport, et le pose sur ses genoux.

LE CHŒUR.

« Chantons en chœur
« Que le bonheur
« Dans tous les yeux éclate !
« Chantons, et de ces mots
« Fatiguons les échos :
« Anacréon est à Samos
« L'ami de Polycrate,
« Comme en tous lieux
« Il est l'ami des dieux.

On danse.

SCÈNE XI.

LES PRÉCÉDENS, ASTER.

ASTER, *à Polycrate.*

SEIGNEUR, en tes jardins l'ingénieux Myrthé
A préparé des jeux la pompe solemnelle ;
    Des effets brillans de son zèle
    Anacréon sera flatté :
    La fête à nos esprits rappelle
    Ces tems fortunés où les dieux
    Délaissant la voûte éternelle,
Goûtaient chez les humains les voluptés des cieux.

POLYCRATE.

Des efforts de Myrthé nous pouvons tout attendre,
Le succès, quel qu'il soit, ne me surprendra pas.
    Aux lieux où nous devons nous rendre,
Que le peuple précède et dirige nos pas.
La marche commence, et s'interrompt tout à coup. Polycrate continue.
Hé bien ! pourquoi la marche est-elle suspendue ?
Quel objet s'offre aux yeux de ce peuple étonné ?

THORAX.

Seigneur, c'est Olphide enchaîné.

SCÈNE XII.

LES PRÉCÉDENS, OLPHIDE, CRATHIS, CLÉON.

POLYCRATE, *toujours l'enfant sur ses genoux.*
Qu'on détache ses fers, qu'il paraisse à ma vue
    ANAIS, *à part, à Anacréon.*
Divin Anacréon, ah! que je suis émue!...
   OLPHIDE *se jetant aux pieds de Polycrate.*
O mon maître!... à tes pieds... Olphide prosterné!
Mais... que vois-je!... ô grands dieux! as-tu daigné m'absoudre?
Mon fils sur tes genoux...
    POLYCRATE *se levant furieux.*
      Son fils! quel coup de foudre!
Il jette l'enfant dans les bras des femmes; Anaïs fait un cri de frayeur.
OLPHIDE *toujours à genoux, tendant les mains vers lui.*
 Seigneur... mon père...
    POLYCRATE, *outré se retirant.*
      Malheureux!...
   ANAIS, *se précipitant à ses genoux de l'autre côté.*
Mon père!...
    POLYCRATE, *la repoussant violemment.*
   Laissez-moi. La mort pour tous les deux.
     Il sort suivi d'Anacréon.

SCÈNE XIII.

Le petit Lysandre s'élance au cou de sa mère; celle-ci vole avec lui relever Olphide; ils se retirent tous les trois en se tenant embrassés.

    LE CHŒUR.

« Quel courroux.
« Fuyons tous.
« Sur ces jeunes époux
« Quelle tempête éclate!
« Un effrayant transport
« A saisi Polycrate;
« Il a nommé la mort...
« Quelle tempête éclate
« Sur ces jeunes époux!
 « Fuyons tous,
 « Fuyons tous.

Tout le monde se disperse dans la plus grande confusion.

   FIN DU SECOND ACTE.

ACTE TROISIEME.

Le théatre représente la partie du palais de Polycrate qui donne sur les jardins; la décoration doit être bornée, s'il est possible, aux troisièmes plans. A droite des spectateurs, on voit une estrade fort élevée, et disposée pour recevoir Polycrate et toute sa cour; la statue de Junon lui fait face; au fond, le théâtre est fermé par une immense tenture.

SCÈNE PREMIÈRE.

ANAIS ET ANACRÉON, *entrant sur la scène des deux côtés opposés.*

ANAIS, *courant vers lui.*

Généreux protecteur de l'hymen éploré,
  Que faut-il enfin que j'espère?
As-tu changé mon sort, as-tu fléchi mon père?

ANACRÉON.

  A des soins importans livré,
Polycrate, en ces lieux, où ses pas vont se rendre,
  Vient de m'inviter à l'attendre.
  De ces fougueux emportemens
Et ton Olphide, et toi, j'ai voulu vous défendre;
J'ai détourné de vous leurs éclats véhémens:
  Mais à de plus doux sentimens
Ses esprits indomptés refusent de se rendre.

ANAIS.

Dieux immortels! qu'entends-je? inflexible toujours!
  Mon cœur par de lâches détours
N'excuse point un crime, hélas! trop volontaire...

AIR.

« Eprise d'un feu téméraire,
« J'osai disposer de ma foi
« Au mépris des droits de mon père;
« J'ai bien mérité sa colère.

« Mais si la vengeance est sa loi,
« S'il punit une erreur si chère,
« Que sa main ne frappe que moi.
« A ses rigueurs je m'abandonne,
« C'est à lui que je dois le jour ;
« Qu'il le reprenne, et qu'il pardonne
« Aux victimes de mon amour.

Avec la plus grande chaleur.

« Protège Anaïs égarée,
« Essaie encor de le fléchir :
« Dis-lui qu'éprise... dévorée...
« Des angoisses du repentir !...
　　« Fille rebelle
　　« Et criminelle,
« Je ne demande qu'à mourir...
« Mais qu'il épargne l'innocence ;
« Le trépas me sera bien doux,
« S'il peut, des traits de sa vengeance
« Sauver mon fils et mon époux.

ANACRÉON.

Ah ! vous vivrez tous trois, appaise tes alarmes.
En te livrant au joug d'Orette ambitieux,
　　De Cambyse victorieux,
Polycrate un instant croit éviter les armes...
　　Mais revole vers ton époux.
De retour en ces lieux faites parler vos larmes,
　　Priez, pressez, embrassez ses genoux.
La gloire en son esprit sur mes conseils l'emporte ;
La raison est muette où mugit le courroux ;
　　La politique est la plus forte...

Gaîment et avec l'accent de la persuasion.

　　Sur son cœur dirigeons nos coups,
Son courroux est vaincu, sa politique est morte.

ANAIS.

Ami rare et parfait !...

　　　ANACRÉON *l'interrompant.*

　　　　　　Je l'entends, laissez-moi.
Fais approcher ton fils, va, pars, éloigne-toi.
　　　　　(*Anaïs s'évade.*)

SCÈNE II.
POLYCRATE, ANACRÉON.

ANACRÉON, *à Polycrate qui lui tend la main sans proférer un seul mot.*

Je l'ai dit, Polycrate, et ma voix le répète :
   Dût le farouche et somptueux Orette
Déployer devant toi tout l'éclat que jadis
   Crésus étalait dans Sardis!
Si ton devoir t'est cher, si mon conseil te guide,
   Placés auprès du jeune Olphide,
Orette et son éclat n'auront que tes mépris.

POLYCRATE.
Qui moi, que jusqu'à lui je m'abaisse à descendre!
Sans égard pour mon rang, j'irais à tous les yeux
L'avouer pour mon fils, l'accueillir pour mon gendre!
Un mortel ignoré, sans gloire, sans aïeux!

ANACRÉON.
Il reçut la beauté des mains de la nature,
   Anaïs lui donna son cœur;
   Si tu confirmes son bonheur,
Il a des biens du sort épuisé la mesure.

POLYCRATE.
Anacréon, n'en parlons plus,
Laisse pour des ingrats ta pitié secourable;
   Tes efforts seraient superflus,
   Polycrate est inexorable.

ANACRÉON.
Hé bien! reçois donc mes adieux.

POLYCRATE, *vivement.*
Tu me fuis?

ANACRÉON.
   Je quitte des lieux
Au désespoir, à la douleur en proie;
   Le tems se hâte, je suis vieux,
Le fuseau se remplit, la trame se déploie,
   Tous les momens sont précieux,
   Et je cours... où m'attend la joie,

POLYCRATE, *avec humeur.*
Tu t'es lassé bientôt de vivre auprès de moi!
Pour servir un coupable, eh quoi! tu me délaisses?

Que te faut-il?... reviens, mes trésors sont à toi ;
Anacréon, partage mes richesses.

ANACRÉON *avec une douce et joyeuse sensiblité.*

AIR.

PREMIER COUPLET.

« Si des tristes cyprès,
« Si du fatal rivage
« On pouvait à grands frais
« S'épargner le voyage,
 « J'aimerais fort
 « Un bon trésor ;
« Et le jour qu'à ma porte
 « La Mort frapperait,
 « Ma voix lui dirait :
« Prends, prends, emporte
« Mon or, mes trésors pour jamais
 « Au séjour des regrets...

« Mais des tristes cyprès,
« Mais du fatal rivage,
« Au gré de mes souhaits
« Sauve-moi le voyage.

POLYCRATE, *à part.*

D'ivresse en l'écoutant je me sens transporté !...
Mon cœur à ses accens malgré moi se marie...
 Des traits de l'aimable gaîté,
 C'est la raison même embellie.

ANACRÉON, *continuant.*

DEUXIÈME COUPLET.

« Mais hélas ! tous les biens
« Et d'Europe et d'Asie
« Sont d'impuissans moyens
« Pour prolonger la vie.
 « Du seul plaisir
 « Je sais chérir
« Et moissonner les roses...
 « Adieu, je l'entends
 « Qui chante gaîment :
« Vieillards moroses,

« Fuyez Plutus et ses appas.
« Tout finit ici bas...
« Suivez, suivez mes pas;
« Au déclin de la vie
« L'univers ne vaut pas
« Un beau jour qu'on envie.

POLYCRATE, *avec une espèce de désordre, à part le premier vers.*

O de sa voix puissante mélodie!
Pars, Anacréon, j'y consens,
(Anacréon demeure interdit.)
Dérobe mon ame asservie
Aux prestiges d'un art qui subjugue mes sens...
(A part.)
Il deviendrait bientôt mon maître.

ANACRÉON, *lui montrant le petit Lysandre, et sondant adroitement son cœur.*

Je remmène avec moi mon fils!...
(Polycrate baisse les yeux, Anacréon continue d'une voix douloureuse.)
Hélas! abandonné du sang qui l'a fait naitre,
Privé de ses tendres appuis...
Orphelin désormais, en son destin funeste,
Ma lyre, mon amour, voilà ce qu'il lui reste...
Chéri des dieux, caressé des Neufs Sœurs,
A cet héritage céleste
Puisse-t-il joindre un nom plus grand que ses malheurs!
(Il découvre sa lyre.)

POLYCRATE, *avec enthousiasme.*

Arrête. Est-ce donc là cette lyre sacrée,
Compagne et charme de tes jours?
Présent des grâces, des amours,
Que les plaisirs ont illustrée?...
(Du ton du reproche.)
Hélas! pourquoi faut-il qu'aux pleurs de deux ingrats
Ton cœur cède un tribut dont s'enivrait ma gloire!
(Avec une fureur qu'il a peine à contenir.)
Oui, si le mien osait s'en croire,
Malgré toi, dans Samos j'enchainerais tes pas!...
(Anacréon le fixe, il reprend avec force et dignité.)
Mais je profanerais la puissance infinie...
Pour asile et témoin de ses élans divers
La nature au talent assigna l'univers.

Sur des ailes de feu plane au loin le génie;
Par des honneurs, par des égards
On l'embrâse, on le vivifie!...
Et la liberté seule a des droits sur les arts.

ANACRÉON, *vivement.*

Ils s'empressent de plaire à qui les glorifie...
Je conçois ta flatteuse envie,
Et vais du Pinde invoquer les regards!
(*Il prélude.*)

SCÈNE III.

LES PRÉCÉDENS, ANAIS, OLPHIDE, *que Polycrate ne voit pas:*

ANACRÉON, *les apercevant.*

MAIS quel rayon divin et m'éclaire et m'anime!
(*A sa lyre, à part, en continuant à préluder.*)
O toi! qui sur la double cime
T'acquis un renom glorieux!
O ma lyre! fais trève à tes accords joyeux...
A deux amans en pleurs, à l'hymen sans défense,
Prête tes sons harmonieux...
Viens confirmer leur timide espérance.

OLPHIDE, ET ANAIS *un peu éloignés.*

Seigneur, daigne écouter...

POLYCRATE, *se retournant furieux.*

Que vois-je?... Malheureux!
Sans mes ordres impérieux,
Quelle témérité vous guide en ma présence?
Par votre aspect audacieux
Venez-vous attiser ma fureur et ma haine?...

OLPHIDE ET ANAIS.

Nous succombons sous l'excès du remord.
L'affreux désespoir nous amène
Demander à tes pieds le pardon ou la mort.

POLYCRATE, *avec la dernière violence.*

Eloignez-vous, tremblez de m'enflammer encor.
(*Anais et Olphide se réfugient avec épouvante aux pieds de la statue de Junon; Anacréon prélude sur sa lyre, Polycrate s'assied pour entendre ses accords, et exprime par degrés le changement favorable qui s'opère en son ame. De tems en tems ses yeux se tournent avec*

fureur vers Olphide, qui s'en aperçoit, et va chancelant tomber sur l'estrade opposée; son fils vole le consoler. Cependant Anaïs est appuyée avec grâce, mais toujours dans l'attitude du désespoir, sur le socle de la statue.)

ANACRÉON, *montrant de l'œil Anaïs à Polycrate, et s'accompagnant sur sa lyre.*

« Toi, dont elle est l'ouvrage,
« Vois ce regard touchant,
« Ce front doux et charmant
« Que la douleur outrage...
« Quel teint vif et brillant!
« C'est le lys du bocage
« Qui tombe éblouissant,
« Renversé par l'orage.

« Polycrate, vois ses douleurs,
« C'est trop prolonger tes rigueurs...
« Ah! respecte mieux ton ouvrage!
« Plonger la beauté dans les pleurs,
   « De la reine des cœurs
   « C'est profaner l'image.

(Polycrate attendri présente la main à sa fille, elle se précipite dessus, et la couvre de baisers.)

OLPHIDE.

Il s'attendrit... il s'appaise... il se rend...
Bonheur suprême!... doux instant!

(Anacréon profitant de l'émotion de Polycrate, abandonne sa lyre, et s'emparant du petit Lysandre, il poursuit avec force.)

AIR.

« Viens innocente créature!
« En faveur d'un cher criminel,
« Fais entendre un plus doux murmure
« Au fond de ce cœur paternel.
« Du beaume de tes pleurs soulage sa blessure...

(Polycrate partagé entre la tendresse paternelle et l'inflexibilité de son caractère, repousse d'abord l'enfant. Bientôt il le rappelle, et le presse contre son sein. Anacréon continue.)

« Il se trouble!... il s'émeut!... Cède, je t'en conjure,
« C'est trop de ta grande ame écarter la pitié...

« Par tes enfans !... par toi !... par tes pleurs je t'abjure !...
  « Cède aux larmes de l'amitié,
« Aux sanglots de l'amour, au cri de la nature...
         (Il traine Olphide aux pieds de Polycrate.)

ENSEMBLE.

ANACRÉON, ANAIS, OLPHIDE.

« Cède aux larmes de l'amitié,
« Aux sanglots de l'amour, au cri de la nature.

POLYCRATE *éploré, à Anacréon.*

Tu m'a subjugué sans retour.
Je révoque, j'abjure un arrêt trop sévère...
  Je suis sensible, je suis père...
  Et mon cœur fait grâce à l'amour.

ANAIS ET OLPHIDE.
« Il pardonne ! moment prospère !
« L'amitié fait au cœur d'un père
« Triompher l'hymen et l'amour.

POLYCRATE.
« Oui, oui, je sens que je suis père,
« Et je pardonne sans retour.

ANACRÉON.
« Comment sentir que l'on est père,
« Et ne point excuser l'amour !

POLYCRATE *à Anacréon.*

*A tes enchantemens il faut que tout fléchisse !
         (A ses enfans.)
Mon Anaïs, mon fils... soyez unis tous deux;
  Je confirme à jamais vos nœuds...
J'en atteste Junon de Samos protectrice !

OLPHIDE.

Mon père !...

ANAIS.

Cher époux !...
    (Ensemble à Anacréon)
            Ami trop généreux !
Jour à jamais précieux et propice !*

NOTA: Les vers compris entre les deux astérisques ont été supprimés dès la première représentation.

SCÈNE IV ET DERNIÈRE.

LES PRÉCÉDENS, ASTER, PEUPLE, suite de Polycrate.

POLYCRATE.

ASTER, vole à Myrthé; dis-lui qu'Anacréon
Attend l'effet de sa promesse.
(Aster sort.)
Vous, peuple, témoin du pardon
Qu'à ces jeunes époux garantit ma tendresse,
Reprenez de ce jour l'appareil suspendu :
Libre à présent de tout nuage,
Quand le bonheur nous est rendu,
Qu'il en réfléchisse l'image.
(A Anacréon.)
Leurs vœux sont exaucés, j'ai comblé tes desirs,
Tu sais quelle faveur à mon tour je réclame:
Ton art vient de porter le calme dans mon ame,
Qu'à jamais ta présence y fixe les plaisirs.

ANACRÉON.

J'obéis... et je cède au penchant qui m'entraîne.
Par-tout où l'amitié m'offre un joyeux séjour,
Je borne sans effort, mon humeur incertaine.

POLYCRATE.

Il suffit. L'amitié te retient à ma cour;
C'est de ma main qu'elle t'enchaîne.

ANACRÉON.

Affranchis désormais de vos chagrins cruels,
Vous respirez, et l'amour vous seconde :
Vos jours vont s'écouler dans une paix profonde...
Consacrez dans Samos ces instans solennels.

HYMNE.

« Au dieu des vers érigeons des autels;
« Célébrons des beaux arts l'influence féconde :
« Présent des cieux, et charme des mortels,
« Les arts sont les plaisirs, les bienfaiteurs du monde.

LE CHŒUR.

« Présent des cieux, et charme des mortels,
« Les arts sont les plaisirs, les bienfaiteurs du monde.

(Pendant le chœur, la tenture du fond se replie avec grâce vers les frises, et sert en quelque sorte de cadre à la décoration suivante.)

(Le théâtre représente les jardins du palais de Polycrate, dans lesquels on a pratiqué les divers préparatifs de la fête. Sur la droite des spectateurs s'élève le mont Hélicon; Apollon et les muses paraissent sur le sommet; du côté opposé, mais un peu plus dans l'enfoncement, on voit le temple de Vénus: l'Amour, les Grâces et les Plaisirs y sont groupés autour de la déesse. Vers le milieu de la scène on distingue également, sur un navire magnifique, Bacchus et Ariane environnés de leur bruyant cortège; le dieu est censé revenir de la conquête des Indes.)

ENSEMBLE.

POLYCRATE, ANACRÉON, OLPHIDE, ANAIS.

« Quand la discorde et les enfers
« Ont répandu sur l'univers
« Mille fléaux qui le désolent;
« Des maux que nous avons soufferts
« Ce sont les arts qui nous consolent.

LE CHŒUR.

« Présent des cieux, et charme des mortels,
« Les arts sont les plaisirs, les bienfaiteurs du monde.

ENSEMBLE.

ANACRÉON, POLYCRATE, ANAIS, OLPHIDE.

« La main sinistre des hasards
« A-t-elle obscurci quelques parts
« Des jours fameux de notre histoire?...
« Nous retrouvons au sein des arts
« Notre splendeur et notre gloire.

LE CHŒUR.

« Nous retrouvons au sein des arts
« Notre splendeur et notre gloire. »

Ballet général.

FIN.

Contraste insuffisant

NF Z 43-120-14

www.ingramcontent.com/pod-product-compliance
Lightning Source LLC
LaVergne TN
LVHW022204080426
835511LV00008B/1565